David Brückel
Verloren im System
Vom Unternehmer zum Bittsteller

FSC
www.fsc.org
MIX
Papier aus verantwortungsvollen Quellen
Paper from responsible sources
FSC® C105338

Verloren im System

Vom Unternehmer zum Bittsteller

David Brückel

Impressum

Bibliografische Information der Deutschen Nationalbibliothek: Die Deutsche Nationalbibliothek verzeichnet diese Publikation in der Deutschen Nationalbibliografie; detaillierte bibliografische Daten sind im Internet über http://dnb.dnb.de abrufbar.

Verlag: BoD · Books on Demand GmbH, Überseering 33, 22297 Hamburg, bod@bod.de

Druck: Libri Plureos GmbH, Friedensallee 273, 22763 Hamburg

ISBN: 978-3-8192-1105-8

Inhaltsverzeichnis

DANKSAGUNG

Ich möchte mich von Herzen bei den Menschen bedanken, die mir in den schwersten Zeiten zur Seite gestanden haben.

Bei meinen Kindern – ihr seid mein Antrieb, meine größte Motivation und meine tägliche Erinnerung daran, warum ich niemals aufgeben darf. Ich liebe euch über alles.

Bei meinen Eltern – für eure Unterstützung, eure Geduld und eure bedingungslose Liebe, die mir geholfen hat, nicht den Boden unter den Füßen zu verlieren.

Bei meiner Schwester, die uns die ganze Zeit begleitet und immer für mich da ist um mich zu unterstützen.

Bei allen Freunden, Wegbegleitern und Menschen, die mir ein offenes Ohr, ehrliche Worte oder einfach ein Lächeln geschenkt haben – oft waren es die kleinen Gesten, die mir Kraft gegeben haben.

Und nicht zuletzt: Danke an dich, der du dieses Buch gelesen hast. Es ist auch ein Zeichen an dich – du bist nicht allein.

VORWORT

Dieses Buch ist für mich mehr als eine Chronik der vergangenen Jahre – es ist ein Ausdruck meiner Erfahrungen, Hoffnungen und Herausforderungen. Als Betreiber eines Familienpflegeheims, das meine Eltern aufgebaut und das ich mit Herzblut weitergeführt habe, habe ich hautnah erlebt, wie eine Krise nicht nur ein Unternehmen, sondern auch ein Leben und eine Familie ins Wanken bringen kann.

Die Corona-Pandemie hat unser aller Leben verändert – auf eine Art, die ich mir zuvor nicht vorstellen konnte. Doch die Pandemie war nur der Anfang einer Reihe von Schwierigkeiten, die mich bis heute begleiten. Die Insolvenz, der Verlust meiner Selbständigkeit, die Arbeitslosigkeit und die verzweifelte Suche nach einem neuen Weg sind zentrale Themen dieses Buches.

Ich möchte offen erzählen, wie es ist, mit drei Kindern alleinerziehend durch eine solche Zeit zu gehen, wie es sich anfühlt, wenn man vom System oft nicht verstanden oder unterstützt wird. Gleichzeitig will ich Mut machen – denn trotz aller Widrigkeiten gibt es Wege, Halt und Hoffnung.

Dieses Buch soll nicht nur meine Geschichte sein, sondern auch ein Appell an die Gesellschaft und Politik, Menschen in Krisen nicht allein zu lassen. Danke, dass Sie mir zuhören.

PROLOG: DER WEG DURCH DIE PANDEMIE

Ich erinnere mich noch genau an die Ruhe vor dem Sturm. Es war Anfang 2020. Mein Alltag war geprägt von Routinen, Verantwortung und Herzblut. Ich leitete ein kleines, privates Pflegeheim – nicht irgendeinen Betrieb, sondern unser Familienunternehmen. Über Jahre hatten meine Eltern das Pflegeheim aufgebaut und ich übernahm mit Stolz und hoher Motivation den Betrieb. Die Menschen, die wir betreuten, waren mehr als nur Klienten. Sie waren Teil einer Gemeinschaft, Teil meines Alltags – und oft auch Teil meines Herzens.

Ich war stolz darauf, selbstständig zu sein. Unabhängig. Eigenverantwortlich. Ich trug die Lasten, aber auch die Erfolge selbst. Natürlich war es nicht immer leicht – wer in der Pflegebranche arbeitet, weiß, dass man dafür keine goldenen Löffel bekommt. Aber es war ehrlich. Und es erfüllte mich.

Dann kam der März. Das Virus, von dem anfangs kaum jemand glaubte, dass es uns wirklich erreichen würde, war plötzlich überall. Die Medien überschlugen sich, erste Hamsterkäufe, dann Schulschließungen. Und dann: Besuchsverbote in Pflegeheimen. Auch bei uns.

Ich erinnere mich an den Moment, als ich das erste Mal den Eingang abschließen musste – nicht, um Menschen zu schützen, sondern um sie auszuschließen. Seitens der Politik wurde es so ausgelegt, dass man Risikogruppen schützen wolle.

Was folgte, war ein schleichender Zerfall. Lieferketten brachen weg. Schutzkleidung wurde knapp. Personal fiel aus. Die Vorschriften änderten sich täglich. Wir versuchten, alles am Laufen zu halten – aber mit jedem Tag wurde der Druck größer. Und gleichzeitig wurden wir von der Politik kaum gesehen. Während große Kliniken Millionen an Fördergeldern erhielten, kämpften wir kleinen Einrichtungen ums Überleben – wirtschaftlich und psychisch.

Ich war müde. Wütend. Und ich fühlte mich im Stich gelassen. Alles, was über Jahre aufgebaut wurde, begann zu bröckeln. Die Pandemie war nicht nur ein Virus. Sie war ein Sturm, der nicht nur die Gesundheit gefährdete – sondern auch Existenzen.

Dies ist meine Geschichte. Eine Geschichte vom Stolz, etwas von emotionalem Wert und familiärer Zuneigung fortgeführt zu haben. Von der Ohnmacht, es zu verlieren. Und von dem langen, steinigen Weg durch eine Krise, die mehr zerstört hat als nur Unternehmen.

KAPITEL 1: DER WEG VOR DEM STURM

Bevor das Wort „Corona" unser aller Leben veränderte, führte ich ein Leben voller Verantwortung, aber auch voller Sinn. Ich war Betreiber eines kleinen, privaten Pflegeheims – eines Familienbetriebs, den meine Eltern mit viel Einsatz und Herzblut aufgebaut hatten. Es war kein anonymer Komplex mit langen Gängen und wechselndem Personal, sondern ein Zuhause für Menschen, die auf Fürsorge angewiesen waren – und die sie bei uns auch bekamen.

Das Heim war für mich nie nur ein Unternehmen. Es war ein Stück Familiengeschichte. Ich war von klein auf mit dem Betrieb verbunden. Ich kannte die Abläufe, die Gerüche, die Gespräche in der Küche und die leisen Stimmen in den Zimmern. Ich hatte erlebt, wie meine Eltern sich für die Bewohner einsetzten, wie sie kämpften, manchmal an ihre Grenzen gingen, aber nie die Menschlichkeit verloren. Dieses Erbe übernahm ich im Jahr 2015 – voller Respekt, aber auch mit dem festen Willen, den Betrieb in eine neue Zeit zu führen.

Die Verantwortung war groß. Ich wusste, worauf ich mich einließ. Ein Pflegeheim zu leiten bedeutet nicht nur Organisation und Verwaltung, sondern ständige Präsenz – menschlich wie fachlich. Ich war gleichzeitig Unternehmer, Pflegekraft, Krisenmanager, Psychologe und manchmal auch einfach nur Zuhörer.

Wir waren ein kleines Team, eingespielt und loyal. Viele Mitarbeiter waren schon Jahre dabei, manche sogar seit der Anfangszeit meiner Eltern. Diese familiäre Atmosphäre war spürbar – für die Bewohner ebenso wie für ihre Angehörigen. Unser Haus war kein Ort des Abstellens, sondern des Lebens. Hier wurde gelacht, geweint, gefeiert, getrauert. Es war ein Ort der Nähe, der Wärme, manchmal auch der Belastung – aber immer getragen von einem starken Miteinander.

Wirtschaftlich war es oft ein Balanceakt. Die Pflegebranche ist kein Bereich, in dem man reich wird. Aber wir kamen zurecht. Mit viel Eigeninitiative,

Disziplin und einer klaren Haltung: Der Mensch steht im Mittelpunkt – nicht die Abrechnung, nicht die Quote, nicht die Bürokratie.

Rückblickend war diese Zeit – so anstrengend sie auch war – ein Fundament meines Lebens. Ich war angekommen. In meinem Beruf. In meiner Verantwortung. In einem Betrieb, den ich nicht nur führte, sondern lebte.

Ich hatte keine Ahnung, dass schon bald ein Sturm aufziehen würde, der nicht nur unsere Arbeitsweise, sondern unser ganzes Leben in den Grundfesten erschüttern sollte.

KAPITEL 2: VOR DER PANDEMIE

Die Zeit vor der Pandemie wirkt im Rückblick fast surreal – als käme sie aus einer anderen Welt. Und doch war sie mein Alltag. Routiniert, intensiv, fordernd – aber vertraut. Es war ein Leben, das geprägt war von Verantwortung, aber auch von Planbarkeit. Ich wusste, was zu tun war. Ich kannte die Abläufe, die Menschen, ihre Bedürfnisse, ihre Geschichten. Es gab Höhen und Tiefen, aber keine Unsicherheit über das Morgen.

Die ersten langjährigen Mitarbeiter verließen Ende 2018, Anfang 2019 das Unternehmen. Ein harter Einschnitt – menschlich wie organisatorisch. Sie hatten das Heim viele Jahre mitgetragen und mitgestaltet. Ihre Erfahrung war für den Betrieb ebenso wertvoll wie für die Atmosphäre im Haus. Der Abschied fiel nicht leicht, weder ihnen noch uns. Doch der Wechsel war notwendig, und wir standen vor der Herausforderung, neue Kräfte zu finden und einzuarbeiten. Trotz dieser Umbrüche lief der Betrieb weiter gut. Wir gingen unserem Alltag nach, trugen die Verantwortung gemeinsam – so, wie wir es gewohnt waren.

Pläne zur Erweiterung und zum strukturellen Aufbau gab es ebenfalls. Ich hatte konkrete Vorstellungen davon, wie sich das Heim entwickeln sollte. Erste Gespräche mit Banken waren bereits geführt worden. Es ging um Investitionen, um Wachstum, um Zukunft – eine Zukunft, die ich aktiv gestalten wollte. Es war keine Zeit des Stillstands, sondern des behutsamen Aufbruchs.

In den Medien hörte man Anfang 2020 erstmals von einem neuen Virus in China. Ich nahm es zur Kenntnis, aber es fühlte sich weit weg an – wie SARS, wie Vogelgrippe, wie etwas, das vielleicht ein Problem werden könnte, aber sicher nicht hier, nicht bei uns, nicht in unserem Heim. Wir waren beschäftigt mit ganz anderen Dingen: neue Verordnungen, die Datenschutzdokumentation, Pflegegradumstellungen. Niemand in meinem Umfeld sprach über Pandemien oder Lockdowns.

Und doch hatten wir das Gefühl, dass sich etwas anbahnte – auch wenn wir nicht wissen konnten, was es genau sein wird. Es lag eine Unruhe in der

Luft, ein vages Gefühl, dass sich die Welt veränderte, ohne dass wir den Grund oder die Richtung benennen konnten.

Plötzlich ging alles ganz schnell. Die Stimmung änderte sich. Die Politik wurde zunehmend unruhig, und fast täglich erreichten uns neue Anweisungen, verschärfte Vorgaben und Empfehlungen – meist kurzfristig, oft widersprüchlich. Es war, als hätte auch „oben" niemand wirklich einen Plan. Aber wir mussten handeln. Und vor allem: weitermachen.

Routinen und der normale Tagesablauf wurden trotz dieser ständigen Anweisungen so gut es ging aufrechterhalten. Unsere Bewohner spürten die Veränderungen, aber wir versuchten, ihnen Sicherheit zu geben. Der Alltag durfte nicht wegbrechen – nicht jetzt. Noch lebten wir „vor der Pandemie", noch war das Leben nicht aus den Fugen geraten. Doch der Sturm stand längst vor der Tür.

Heute weiß ich, dass dies der letzte Abschnitt eines Lebens war, das so nie zurückkehren sollte.

KAPITEL 3: DER BEGINN DER KRISE

Der Tag, an dem ich zum ersten Mal die Eingangstür abschließen musste, um Angehörige draußen zu lassen, hat sich dennoch tief in mein Gedächtnis eingebrannt. Es war ein stiller, kühler Morgen im März 2020. Wir hatten die Angehörigen unserer Bewohner im Vorfeld über die neuen Besuchsregeln informiert. Niemand stand plötzlich vor verschlossenen Türen. Stattdessen hatten wir kreative Lösungen gefunden: Gespräche über Gegensprechanlagen, Besuche durch das Fenster, kleine Gesten durch die Scheibe. Unsere Bewohner konnten ihre Liebsten sehen, hören, manchmal sogar kurz berühren – auf Abstand, aber mit Herz.

Die offizielle Anweisung lautete: Besuchsverbot für Pflegeheime. Der Schutz der Risikogruppen stand im Vordergrund. Wir taten alles, um die Nähe zwischen Bewohnern und Angehörigen aufrechtzuerhalten – so gut es eben ging. Trotz aller Maßnahmen war es für viele schwer zu verstehen, warum Umarmungen plötzlich gefährlich waren. Warum Enkelkinder draußen bleiben mussten. Warum die Tür nur noch von innen geöffnet wurde.

Fast täglich erreichten uns neue Schreiben – vom Gesundheitsamt, von der Heimaufsicht, vom Landratsamt. Die Flut an Vorschriften war kaum zu bewältigen. Manches widersprach sich, manches ließ zu viel Spielraum für Interpretationen. Wir mussten in kürzester Zeit lernen, rechtlich zu handeln, Entscheidungen zu dokumentieren und jederzeit nachweisen zu können, dass wir „alles richtig" gemacht hatten. Es war ein Drahtseilakt zwischen Fürsorge und Vorschriften, zwischen Menschlichkeit und Verordnung.

Die Versorgung mit Schutzmaterial wurde zur täglichen Herausforderung. Masken, Desinfektionsmittel, Handschuhe – plötzlich waren sie knapp, teuer oder gar nicht mehr lieferbar. Wir griffen auf Lagerbestände zurück, baten um Unterstützung, suchten kreative Lösungen. Jeder Tropfen Desinfektionsmittel war kostbar. Jeder neue Karton mit Masken ein kleiner Erfolg.

Im Team war die Verunsicherung spürbar. Die Unsichtbarkeit der Gefahr machte es schwer, einen klaren Umgang damit zu finden. Einige hatten Kinder, die nicht mehr in die Schule durften. Andere sorgten sich um ältere

Familienmitglieder. Die Belastung stieg, die Dienstpläne wurden zum täglichen Puzzle. Aber wir hielten zusammen. Wir wussten: Unsere Bewohner brauchen uns – gerade jetzt.

Und genau das machte den Unterschied. Bei uns verstarb kein einziger Bewohner an Einsamkeit oder an Covid. Unsere Pflegekräfte gaben ihr Bestes, jeden Tag. Sie umsorgten unsere Bewohner mit Wärme, mit Nähe, mit liebevoller Fürsorge. Trotz aller Einschränkungen blieb unser Heim ein Zuhause – ein sicherer Ort inmitten eines unsicheren Landes. Unsere Bewohner spürten das. Sie fühlten sich weiterhin gut aufgehoben, verstanden und nicht allein gelassen.

Was sich zu Beginn noch wie ein Ausnahmezustand anfühlte, wurde nach und nach zur neuen Normalität. Die Welt draußen sprach von Solidarität, von Achtsamkeit, von Zusammenhalt. Wir im Inneren spürten: Wir lebten diese Werte – Tag für Tag.

KAPITEL 4:
DER DRUCK WÄCHST – ALLTAG IM AUSNAHMEZUSTAND

Mit jedem neuen Tag, mit jeder neuen Verordnung, wuchs der Druck. Es schien, als würden die politischen Entscheidungen nicht mehr auf der Grundlage von Realität oder Menschlichkeit getroffen – sondern aus Angst, Verantwortung abgeben zu müssen. Pflegeheime wurden zur Projektionsfläche für Maßnahmen, die „funktionieren mussten", koste es, was es wolle. Wir wurden von der Politik nicht begleitet, sondern bevormundet – kontrolliert, bestraft, bedroht.

Es verging kaum ein Tag, an dem wir nicht neue Formulare ausfüllen, neue Listen führen oder neue Aushänge anfertigen mussten. Besuchsregelungen wurden innerhalb weniger Tage mehrfach geändert. Mal durften Angehörige kommen – mit Test, Maske, Abstand, Anmeldung. Dann wieder gar nicht. Dann nur draußen. Dann nur mit FFP2. Dann nur, wenn sie geimpft waren. Und wir? Wir mussten all das erklären, durchsetzen, kontrollieren. Immer mit der Angst im Nacken, dass bei einer Kontrolle ein Formfehler zur Anzeige führen könnte.

Kontrollen kamen unangekündigt. Meist mit vier bis acht Personen, was schon surreal erschien auf Grund der vielen Verordnungen, die einem auferlegt wurden. Mit ihren Clipboards in der Hand, das Gesicht ernst, der Ton herablassend, suchte man nicht das Gespräch, man suchte Fehler. Wir wurden behandelt wie Verdächtige – nicht wie Menschen, die rund um die Uhr Verantwortung trugen. Einmal wurde uns eine Rüge erteilt, weil ein Besucher im Hof die Maske nicht über der Nase trug – obwohl er mehr als zehn Meter vom Haus entfernt stand. Ein anderes Mal drohte man uns mit einer Anzeige, weil das Desinfektionsmittel im Eingangsbereich nicht den vorgeschriebenen Spendertyp hatte.

Gleichzeitig wurde die Dokumentationspflicht weiter verschärft. Jeder Kontakt musste festgehalten, jeder Test, der allein für Mitarbeiter 2 bis 3 mal pro Woche durchgeführt wurde, protokolliert, jede Bewegung nachverfolgbar gemacht werden. Wir führten Listen über Listen, stapelten Ordner voller

Zettel, deren Sinn längst niemand mehr hinterfragte. Die Pflege – unser eigentlicher Auftrag – rückte in den Hintergrund. Der Mensch wurde zur Nummer, zum Risiko, zur potenziellen Gefahrenquelle.

Im Personal machte sich Erschöpfung breit. Nicht nur körperlich, sondern auch seelisch. Das Gefühl, ständig kontrolliert und kritisiert zu werden, nagte an der Motivation. Einige dachten ans Aufgeben. Andere wurden still. Und ich versuchte weiter, das Team zusammenzuhalten – mit Gesprächen, mit Rückhalt, mit der Hoffnung, dass es irgendwann besser werden würde.

Aber es wurde nicht besser. Im Gegenteil.

Neue Regelungen zur Impfpflicht für Pflegekräfte warfen Schatten voraus. Erste Diskussionen begannen. Was passiert, wenn jemand sich nicht impfen lässt? Droht der Verlust des Arbeitsplatzes? Dürfen wir kündigen? Müssen wir melden? Wir wurden zu Verwaltungsorganen eines Systems gemacht, das uns gleichzeitig als Helden beklatschte und als Risiko abstempelte.

Dennoch hielten wir durch. Nicht, weil es leicht war – sondern weil es richtig war. Unsere Bewohner brauchten uns. Und solange sie uns brauchten, würden wir da sein. Auch wenn der Druck wuchs. Auch wenn der Staat uns behandelte wie Objekte seiner Kontrolle.

Es war Alltag im Ausnahmezustand. Und dennoch: Wir machten weiter. Aus Überzeugung. Aus Menschlichkeit. Aus Verantwortung.

KAPITEL 5:
ZWANG IM NAMEN DER GESUNDHEIT

Mit der Ankündigung der einrichtungsbezogenen Impfpflicht im Dezember 2021 erreichte der politische Druck eine neue Dimension. Was bis dahin durch Kontrolle, Auflagen und Vorschriften reguliert worden war, wurde nun zur offenen Erpressung. Wer im Gesundheitswesen arbeitete – egal ob in der Pflege, in der Verwaltung oder im Fahrdienst – sollte nun nachweisen, geimpft oder genesen zu sein. Andernfalls drohten Konsequenzen bis hin zum Berufsverbot.

Man sprach von Schutz. Von Solidarität. Von Verantwortung gegenüber den Schwächsten. Und ja – natürlich wussten wir, wie gefährlich das Virus für unsere Bewohner sein konnte. Aber wir wussten auch: Diejenigen, die bisher durchgehalten, gepflegt, geschützt und verzichtet hatten, waren nun dieselben, die plötzlich unter Generalverdacht gestellt wurden.

In unserem Haus hatte sich bis dahin jeder verantwortungsvoll verhalten. Die Hygienekonzepte wurden befolgt, Testungen regelmäßig durchgeführt, Masken getragen, Verzicht geübt. Niemand hatte sich leichtfertig verhalten, niemand das Risiko unterschätzt. Und dennoch kam nun die Forderung: Impfen – oder Konsequenzen.

Ich stand als Leitung vor einem Dilemma. Ich konnte den Druck spüren, der von oben kam. Gesundheitsamt, Heimaufsicht, Politik – alle betonten, wie wichtig die Durchsetzung sei. Gleichzeitig saßen mir meine Mitarbeitenden gegenüber – Menschen, die ich kannte, denen ich vertraute, mit denen ich schwierige Zeiten durchgestanden hatte. Einige waren verunsichert, andere wütend, manche entschlossen, sich nicht impfen zu lassen.

Es war nicht meine Aufgabe, über ihre Entscheidungen zu urteilen. Aber ich wurde gezwungen, ihre Entscheidungen zu melden.

Plötzlich war ich nicht mehr nur Führungskraft – ich wurde zur Meldestelle. Zur Schnittstelle zwischen einem System, das Kontrolle über alles stellen wollte, und einem Team, das auf Menschlichkeit hoffte. Ich musste

Gespräche führen, Daten übermitteln, Fristen einhalten. Ich fühlte mich wie ein Werkzeug der Bürokratie – entmenschlicht, benutzt.

Das Schlimmste war nicht der Impfstatus. Das Schlimmste war die Spaltung, die dadurch entstand. Misstrauen zog ein. Kolleginnen begannen, einander zu hinterfragen. „Ist sie geimpft?" – „Hat er sich schon entschieden?" – „Was passiert mit ihr, wenn sie sich weigert?"

Diese Fragen fraßen sich in den Alltag hinein wie ein unsichtbares Gift.

Ich versuchte, Haltung zu bewahren. Den Menschen zu sehen. Für Entscheidungen Raum zu lassen. Niemanden zu drängen, niemanden zu verurteilen. Aber ich merkte: Der politische Wille zur Einheit bestand nur noch auf dem Papier. In Wahrheit war man längst bereit, Menschen aus dem System zu drängen – nicht wegen Fehlverhaltens, sondern wegen persönlicher Überzeugung, wegen ihres freien Willens.

Der Begriff „Freiwilligkeit" war zu einer leeren Hülle verkommen. Man durfte „frei" entscheiden – aber nur, wenn man richtig entschied. Andernfalls drohten Sanktionen, gesellschaftliche Ächtung und berufliche Konsequenzen. Das war kein Schutz. Das war Zwang – im Namen der Gesundheit.

Einige meiner Mitarbeiter verließen in dieser Zeit die Branche. Nicht, weil sie schlechte Pflegekräfte waren – sondern weil sie nicht bereit waren, sich einem System zu unterwerfen, das ihre Entscheidungen nicht respektierte. Es war ein stiller, schmerzhafter Abschied. Für uns als Team. Für mich als Leitung. Und vor allem für die Pflege insgesamt.

Heute frage ich mich oft, wie viele wertvolle Menschen wir in dieser Zeit verloren haben. Nicht an das Virus – sondern an eine Politik, die Kontrolle mit Fürsorge verwechselte.

KAPITEL 6: DER BRUCH – ALS NICHTS MEHR ZU RETTEN WAR

Als sich der Nebel der Pandemie langsam zu lichten begann, hofften viele auf ein Aufatmen, auf Normalität, auf einen Neuanfang. Doch für uns war zu diesem Zeitpunkt längst klar: Es wird kein Zurück mehr geben. Zu groß waren die Schäden, zu tief die Risse. Die politischen Maßnahmen hatten zwar das Virus bekämpft – aber sie hatten auch Existenzen zerstört. Unsere war eine davon.

Die wirtschaftliche Lage hatte sich zunehmend zugespitzt. Die Kosten waren explodiert – für Schutzausrüstung, für Tests, für Personal. Gleichzeitig blieben die staatlichen Unterstützungen aus oder versickerten in bürokratischen Fallstricken. Immer neue Anforderungen, immer neue Verpflichtungen. Keine Entlastung, kein Aufschub, keine Perspektive.

Wir hielten durch, so lange es ging. Wir sparten, optimierten, verhandelten. Aber irgendwann reichte es nicht mehr. Die finanziellen Reserven waren aufgebraucht, die Belastung war untragbar geworden. Wir wussten: Wenn wir das Lebenswerk meiner Familie retten wollten, brauchten wir einen starken Partner – ein größeres Unternehmen, das uns auffangen, integrieren und erhalten konnte.

Die Gespräche mit potenziellen Käufern liefen zunächst vielversprechend. Es gab Interesse, es gab Hoffnung. Wir waren bereit, loszulassen – nicht aus Schwäche, sondern aus Verantwortung. Der Gedanke, unser kleines, gewachsenes Haus in sichere Hände zu geben, war schmerzhaft, aber notwendig. Die Übergabe war geplant, der Notartermin vereinbart, der Ausstieg vorbereitet.

Und dann – sprang der Käufer ab.

Kurz vor dem entscheidenden Moment, als nur noch die Unterschrift gefehlt hätte, zog sich das Unternehmen zurück. Keine Begründung, kein klärendes Gespräch, nur ein Anruf, der alles veränderte. Der Bruch kam nicht plötzlich – aber er traf uns mit voller Wucht. Innerhalb weniger Wochen standen wir vor der Insolvenz.

Es war, als würde das Fundament eines ganzen Lebens einstürzen. Alles, wofür meine Familie jahrzehntelang gearbeitet hatte, alles, was ich übernommen, geführt, weiterentwickelt hatte – stand auf einmal vor dem Aus. Nicht, weil wir versagt hatten. Sondern weil wir in einem System gefangen waren, das keine Luft mehr zum Atmen ließ.

Die Entscheidung zur Insolvenz war einer der schwersten Schritte meines Lebens. Es fühlte sich an wie ein persönliches Scheitern – obwohl es in Wahrheit ein strukturelles Versagen war. Der Mittelstand wurde allein gelassen. Wer sich an Regeln hielt, Verantwortung übernahm, seine Mitarbeitenden durch die Krise trug, wurde am Ende fallen gelassen.

Ich erinnere mich an den letzten Tag, an dem ich das Büro abschloss. Alles war still. Die Akten sortiert, die Möbel leergeräumt, das Klingeln des Telefons verklungen. Kein hektisches Treiben mehr, kein Pflegeruf, kein Lachen im Flur. Nur Leere. Eine nur schwer zu ertragende Stille. Und das Wissen: Es ist vorbei.

Was bleibt, sind Erinnerungen. An ein Haus voller Leben. An Menschen, die sich mit Hingabe um andere gekümmert haben. An schwierige Zeiten, die wir gemeinsam durchgestanden haben. Und an eine Politik, die nie verstand, was sie uns abverlangt hat.

KAPITEL 7:
ARBEITSLOS – UND PLÖTZLICH NIEMAND MEHR

Die Insolvenz war ausgesprochen, das Kapitel Pflegeheim offiziell beendet – zumindest auf dem Papier. Doch in meinem Inneren hatte ich das Gefühl, dass nicht nur ein Unternehmen zusammengebrochen war, sondern auch ein Teil meiner Identität. Ich war nicht mehr Geschäftsführer, nicht mehr Versorger, nicht mehr verantwortlich für Mitarbeitende oder Bewohner. Ich war plötzlich nur noch: arbeitslos.

Der erste Gang zum Jobcenter war demütigend. Ich betrat das Gebäude nicht als Mensch mit Lebensleistung, sondern als Nummer im System. Kein Interesse an dem, was war, kein Platz für das Warum. Nur Formulare, Nachweise, Fristen. Fragen, die mechanisch gestellt wurden. Antworten, die in keine Felder passten. „Waren Sie in der gesetzlichen Arbeitslosenversicherung?" – „Nein." – „Dann haben Sie keinen Anspruch auf Arbeitslosengeld I."

Ich erfuhr an diesem Tag, dass es für Selbständige eine Frist gab: Innerhalb der ersten drei Monate nach Gründung musste man sich freiwillig weiterversichern, um im Ernstfall abgesichert zu sein. Uns hatte das damals niemand gesagt. Weder bei der Betriebsübernahme noch während der Pandemie. Keine Information, keine Beratung, keine Erinnerung. Und jetzt war es zu spät.

Statt Arbeitslosengeld blieb nur der Antrag auf Bürgergeld – das frühere Hartz IV. Eine Leistung, die einst als soziales Netz gedacht war, fühlte sich an wie ein bürokratischer Pranger. Ich musste Kontoauszüge vorlegen, private Versicherungen offenlegen, meine Lebensumstände im Detail erklären. Kein Vertrauen, keine Würde – nur Kontrolle.

Was die Lage zusätzlich erschwerte: Ich bin alleinerziehend. Drei Kinder leben mit mir im Haushalt – und meine Eltern ebenfalls. Eine generationsübergreifende Lebensgemeinschaft, die einst eine Stärke war, wurde nun zum Nachteil. Das Bürgergeld wurde auf vier Sechstel gekürzt, weil man annahm, meine Eltern – zwei Rentner – könnten den Lebensunterhalt mitfinanzieren. Es zählte nicht, dass ihre eigenen Mittel kaum reichten. Es zählte nur, dass wir unter einem Dach lebten.

Nach all den Jahren der Verantwortung, der Steuern, der Beiträge, der aufgegebenen Wochenenden – stand ich nun auf der anderen Seite. Ein Antragsteller. Ein Bittsteller. Es war, als hätte man mir das Etikett „wertvoll" abgezogen und durch „belastend" ersetzt.

Die psychische Belastung in dieser Phase war enorm. Nicht nur wegen der finanziellen Unsicherheit – sondern wegen der gesellschaftlichen Unsichtbarkeit. Als Selbständiger hatte ich jahrelang Entscheidungen getroffen, Menschen beschäftigt, Arbeitsplätze gesichert. Jetzt entschied niemand mehr etwas mit mir – über mich wurde entschieden.

Und trotzdem: Ich wusste, ich musste weitermachen. Für meine Familie. Für mich selbst. Für den Teil in mir, der sich nicht damit abfinden wollte, so aus dem System gedrängt worden zu sein.

Ich begann Bewerbungen zu schreiben. Führte Gespräche. Wartete auf Antworten. Aber mit jedem Lebenslauf, den ich verschickte, wurde mir klarer: Ich musste mich neu erfinden. Nicht nur beruflich – sondern auch emotional. Denn wer einmal gefallen ist, weiß: Aufstehen ist möglich. Aber es kostet Kraft. Und manchmal auch Stolz.

KAPITEL 8:
NEUSTART IM NIEMANDSLAND

In einem Leben, das früher von Struktur und Verantwortung geprägt war, ist Orientierungslosigkeit kaum auszuhalten. Nach der Insolvenz war ich nicht nur arbeitslos, nicht nur von Ämtern abhängig – ich war auch entwurzelt. Kein Ziel, kein Plan, kein klarer Weg. Nur Fragmente von dem, was einmal war, und die ständige Frage: *Was nun?*

Ich begann zu suchen – nach Halt, nach Sinn, nach Arbeit. Aber vor allem: nach einer neuen Rolle. Ich war eine Führungskraft, kein Befehlsempfänger. Ich konnte organisieren, Menschen leiten, Verantwortung tragen. Doch plötzlich wollte das niemand mehr wissen. Ich bewarb mich bundesweit auf Stellen – nicht nur in der Pflege, sondern auch in anderen Bereichen, wo Führung und Organisation gefragt waren. Doch die Antworten blieben aus. Wenn überhaupt Rückmeldungen kamen, waren es standardisierte Absagen. Nicht einmal ein persönliches Wort. Nicht einmal die Anerkennung meiner bisherigen Lebensleistung.

Es war, als hätte ich nie etwas geleistet. Als würde ein Kapitel mit dem Insolvenzstempel gelöscht – und ich selbst gleich mit.

Trotzdem schrieb ich weiter Bewerbungen. Woche für Woche. Monat für Monat. Und ich bildete mich weiter. Onlinekurse, Fernunterricht, Fachliteratur. Ich versuchte, nicht stillzustehen – obwohl sich alles um mich herum wie ein Stillstand anfühlte. In mir wuchs gleichzeitig der Gedanke an einen neuen Anlauf in die Selbstständigkeit. Aber wohin? Und mit welchen Mitteln?

Die finanzielle Lage wurde mit jedem Monat bedrückender. Ich musste meinen Kindern immer öfter erklären, warum etwas nicht möglich war. Kein Kinobesuch, kein spontanes Eis, kein neuer Ranzen zum Schulanfang, wenn der alte noch irgendwie hielt. Wir lebten sparsam. Kaufentscheidungen wurden abgewogen wie früher Investitionen – mit dem Unterschied, dass es jetzt nur noch um das Lebensnotwendige ging.

Es war nicht die Armut im klassischen Sinne, die uns bedrängte – es war die ständige Unsicherheit. Kein Spielraum, keine Rücklagen, keine

Perspektive. Immer wieder Briefe vom Finanzamt. Mahnungen der Krankenkasse. Erinnerungen an Zahlungen, die ich längst nicht mehr stemmen konnte. Es war ein ständiges erinnern daran, dass ich gefallen war – und dass man es mir auch jeden Tag zeigen wollte.

Was mich hielt, waren meine Kinder. Ohne sie wäre ich vielleicht gefallen – oder geblieben, wo ich lag. Sie waren mein Grund, jeden Tag weiterzumachen. Ihr Lachen, ihre Tränen, ihr Vertrauen in mich – das war der Anker. Ich wollte ihnen zeigen, dass man nicht aufgeben darf. Dass es immer einen Weg gibt, solange man zusammenhält und den Blick aufrecht und nach vorne hält. Dass Wert nicht vom Kontostand abhängt.

Doch gesellschaftlich fühlte ich mich längst am Rand – oder noch darunter. Nicht mehr gebraucht. Nicht mehr gesehen. Nicht mehr zugehörig. Von einem Tag auf den anderen war ich in eine Schublade gerutscht, die „belastend" hieß. Früher hatte ich Menschen beschäftigt, Verantwortung getragen. Jetzt galt ich als Kostenfaktor. Als jemand, der etwas *nimmt*, statt zu *geben*.

Und doch: Ich kämpfte weiter. Auch wenn es oft aussichtslos schien. Auch wenn die Richtung fehlte. Auch wenn das Licht am Ende des Tunnels manchmal bloß der nächste Brief vom Amt war.

Denn ich wusste: Aufgeben war keine Option. Nicht für mich. Und schon gar nicht für meine Kinder.

KAPITEL 9: WIE DIE IDEOLOGIE UNSERER POLITIKER DIE CHANCEN AUF DEM ARBEITSMARKT NOCH VERSCHLECHTERTE

Als wäre es nicht schon schwer genug, aus der Arbeitslosigkeit herauszukommen, wird der Weg zurück in ein geregeltes Arbeitsleben zunehmend durch politische Entscheidungen und ideologische Experimente versperrt. Ich spreche nicht nur aus persönlicher Erfahrung – ich spreche aus der Perspektive von jemandem, der täglich spürt, wie sehr sich der Arbeitsmarkt verändert hat. Und wie wenig unsere politischen Entscheidungsträger bereit oder in der Lage sind, darauf ehrlich zu reagieren.

In Gesprächen mit anderen Betroffenen höre ich immer öfter dieselben Worte: *„Wir wissen gar nicht mehr, wohin mit uns."* Menschen mit Ausbildung, mit Erfahrung, mit Einsatzbereitschaft – und trotzdem arbeitslos. Während auf der anderen Seite immer wieder von „Fachkräftemangel" gesprochen wird, werden gleichzeitig tausende Stellen abgebaut oder ins Ausland verlagert. Große Firmen, einst Standbeine der deutschen Wirtschaft, schließen ihre Werke oder bauen drastisch ab. Der Mittelstand, das Rückgrat unserer Wirtschaft und Gesellschaft, wird durch Bürokratie, Energiepreise und überzogene Auflagen zerdrückt.

Die Politik aber hält an ideologischen Dogmen fest: Klimaziele um jeden Preis, gesellschaftliche Utopien, die mit der Lebensrealität der arbeitenden Bevölkerung nichts mehr zu tun haben, und ein Sozialstaat, der an vielen Stellen nicht mehr sozial, sondern entmündigend wirkt.

Während Milliarden für Prestigeprojekte ausgegeben werden oder in internationale Symbolpolitik fließen, kämpft eine vierfache Mutter mit jahrelanger Berufserfahrung darum, ob sie nächsten Monat die Stromrechnung bezahlen kann. Während der Bundestag über „Geschlechtergerechtigkeit" in Formularen debattiert, fehlt es in Kitas und Pflegeheimen an Personal, an Würde – und an echter Unterstützung.

Die Idee, dass Arbeit sich lohnen muss, scheint verloren gegangen zu sein. Wer sich abrackert, steht am Ende oft nicht besser da als der, der sich aufgibt. Und wer sich anstrengt, wird durch immer neue Regeln und Pflichten eher gebremst als gefördert. Förderprogramme werden mit Bedingungen überfrachtet, Beratung wird durch Formulare ersetzt, und Initiativen scheitern an Zuständigkeiten.

Ich habe in den letzten Monaten viel gelernt – nicht nur über das System, sondern auch über die Mechanismen, mit denen Politik und Realität auseinanderdriften. Der Arbeitsmarkt funktioniert nicht mehr wie früher. Er ist kein Ort der Chancen, sondern zunehmend ein Labyrinth aus Widersprüchen und Fallstricken. Und statt den Menschen den Weg zu ebnen, werden ihnen ständig neue Hürden in den Weg gestellt.

Diese Entwicklung ist nicht zufällig. Sie ist das Ergebnis politischer Entscheidungen. Und politischer Ignoranz.

Der Arbeitsmarkt spiegelt die Ideologie seiner Lenker wider. Und solange die Politik an ideologischen Zielen festhält, statt sich an der Lebenswirklichkeit der Menschen zu orientieren, wird sich daran auch nichts ändern. Es ist nicht die Arbeit, die fehlt – es ist die Ehrlichkeit, mit der man ihr begegnet.

Ich habe nicht aufgegeben. Noch nicht. Aber ich sehe, wie der Raum für Hoffnung kleiner wird. Nicht, weil ich nicht will – sondern, weil man in diesem Land immer öfter gegen Mauern läuft, wenn man nach vorne will.

KAPITEL 10: ZWISCHEN ANPASSUNG UND AUFBRUCH – WAS BLEIBT VOM ALTEN ICH?

Man sagt, dass Krisen den Charakter formen. Ich glaube, sie enthüllen ihn eher. Und sie zwingen einen dazu, sich selber neu zu erfinden. In den letzten Monaten – oder besser gesagt: in den letzten eineinhalb Jahren – habe ich mich oft gefragt, wer ich heute eigentlich noch bin. Wer ich geblieben bin. Und was vom früheren Ich noch übrig ist.

Ich war Führungskraft, Unternehmer, Gestalter. Ich habe Entscheidungen getroffen, Verantwortung getragen, Probleme gelöst. Ich war kreativ, mutig, unabhängig. Diese Rolle hat mir nicht nur beruflich etwas bedeutet – sie war Teil meines Selbstbilds, meines Selbstwerts. Ich war jemand, der nicht wartet, sondern handelt. Nicht klagt, sondern gestaltet.

Heute vermisse ich genau das: die Selbstbestimmung, die Verantwortung, die Anerkennung. Und auch die Freiheit, meine Kreativität auszuleben, ohne sie rechtfertigen zu müssen. Stattdessen bin ich heute eine Akte, eine Fallnummer, ein Formularstapel in irgendeinem System. Die Behörden arbeiten ihren Plan ab, nicht meinen. Vermittlungen, Eingliederungen, Pflichten. All das scheint wichtiger als die Frage, was wirklich passt – und was langfristig sinnvoll wäre.

Verstehen kann ich es in Teilen schon. Es gibt viele, die das System ausnutzen. Die einfach mitlaufen, ohne mitzuwirken. Und doch frustriert es mich, dass ich mit denselben Mitteln behandelt werde. Es gibt keinen Raum für echte Eigeninitiative. Keine Anerkennung für echte Anstrengung. Kein Vertrauen.

Dabei habe ich längst einen neuen Traum. Ich will nicht zurück ins Hamsterrad – nicht mehr von früh bis spät in einem Büro sitzen. Ich bin alleinerziehend, meine Kinder brauchen mich. Ich brauche Flexibilität, Freiheit. Ich will arbeiten, ja – und ich bin bereit, alles zu geben. Aber ich will das tun, *wo* und *wann* ich es am besten leisten kann. Ich wünsche mir einen Remote-Job. Nicht aus Bequemlichkeit, sondern aus Überzeugung. Weil ich weiß, dass ich genau dort am stärksten bin: in einem Umfeld, das mir vertraut, statt mich zu kontrollieren.

Doch bislang blieb mir diese Chance verwehrt. Kaum ein Unternehmen lässt sich auf Quereinsteiger im Homeoffice ein. Zu groß ist das Misstrauen. Zu eng die Strukturen. Und so kämpfe ich weiter. Schreibe Bewerbungen, bilde mich fort, halte durch. In der Hoffnung, dass irgendwo jemand erkennt, was ich kann – und nicht nur, was ich gerade *nicht bin*.

Ich habe mich verändert. Ich bin leiser geworden – aber nicht klein. Ich bin vorsichtiger geworden – aber nicht ängstlich. Ich bin realistischer – aber nicht hoffnungslos.

Was vom alten Ich geblieben ist? Der Wille. Der Blick nach vorn. Und das Wissen: Ich bin mehr als mein Kontostand, mehr als meine Akte, mehr als mein Status.

Ich bin bereit für den Aufbruch. Ich warte nur noch auf die Tür, die sich endlich öffnet.

KAPITEL 11:
TRAGEN ODER ZERBRECHEN – DER UNSICHTBARE DRUCK IM ALLTAG

Es gibt einen feinen Unterschied zwischen funktionieren und leben. Und oft verschwimmt er im Alltag so sehr, dass man ihn kaum noch erkennt. Ich stehe jeden Morgen auf – nicht, weil ich ausgeruht bin oder voller Tatendrang, sondern weil ich muss. Weil meine Kinder auf mich zählen. Weil ich weiß, dass sie mich brauchen. Und weil ich mir selbst versprochen habe, nicht zu zerbrechen.

Ich stehe auf, koche Kaffee, putze Zähne, decke den Tisch, wecke meine Kinder. Wir sitzen gemeinsam am Küchentisch, bevor der Tag beginnt. Es sind diese kleinen Momente, die Halt geben. Rituale, die Ordnung in ein Leben bringen, das oft von Chaos und Unsicherheit geprägt ist. Sobald die Kinder zur Schule gegangen sind, beginnt mein anderer Tag. Der, den keiner sieht.

Ich lerne. Ich schreibe Bewerbungen. Ich halte mich körperlich fit, weil ich weiß, dass mein Körper die Grundlage für alles ist. Und doch bleibt immer dieses dumpfe Gefühl im Hintergrund: Wird sich jemals etwas ändern?

Ich spreche kaum darüber, wie ich mich wirklich fühle. Nicht, weil ich stark bin – sondern weil es kaum Raum dafür gibt. Wer keine Zeit hat zu zweifeln, verdrängt lieber. Negative Gedanken? Sie nützen niemandem. Schon gar nicht meinen Kindern. Also schlucke ich sie herunter, baue sie um in Energie, so gut es eben geht. Und doch gibt es Tage, da spüre ich, wie schwer all das geworden ist. Nicht körperlich – sondern seelisch. Dieses ständige Gefühl, kämpfen zu *müssen* – ohne zu wissen, ob es sich wirklich lohnt.

Manchmal reicht ein Brief vom Amt, eine weitere Absage, ein zynischer Kommentar von außen, und man fühlt sich, als würde alles kippen. Und doch stehe ich am nächsten Morgen wieder auf. Weil es keine Alternative gibt. Weil meine Kinder mich brauchen. Und weil ich ihnen zeigen will: Wir können tief fallen – aber wir stehen wieder auf.

Die Gesellschaft, so scheint es, hat für Lebensläufe wie meinen wenig Verständnis. Zu viele Firmen suchen nach Bewerbern mit 20 Jahren Erfahrung, die am besten Mitte zwanzig, maximal anpassbar und dabei bitte möglichst günstig sind. Menschen mit Brüchen im Lebenslauf, mit Ecken, Erfahrungen, Haltung – sind unbequem. Und unbequem passt nicht ins System.

Aber ich bin nicht formbar im Sinne der alten Strukturen. Ich habe Verantwortung getragen, Entscheidungen getroffen, Menschen geführt, einen Betrieb über Jahre gehalten. Ich bin Vater, Kämpfer, Mensch. Und was ich heute leiste, Tag für Tag, ist mehr als nur Überleben. Es ist Widerstand. Gegen die Resignation. Gegen das Vergessenwerden. Gegen das Bild, das andere von einem zeichnen wollen.

Es braucht einen gesellschaftlichen Wandel. Nicht jeder Mensch passt in eine Norm. Nicht jeder Lebenslauf verläuft geradlinig. Und nicht jeder Bruch ist ein Makel. Manchmal ist er der Anfang von etwas Neuem.

Ich lebe weiter mit Struktur. Mit Disziplin. Mit innerer Kraft. Ich lebe für meine Kinder. Und ich lebe für die Hoffnung, dass es eines Tages wieder Raum geben wird – für Menschen wie mich. Für echte Leistung, echte Haltung, echte Menschlichkeit.

KAPITEL 12:
DER INNERE KOMPASS – WERTE, DIE BLEIBEN

Inmitten von Zerfall, Druck und Ungerechtigkeit bleibt nur eines, das wirklich trägt: der eigene innere Kompass. Er war nie laut, nie fordernd – aber immer da. Gerade in Zeiten, in denen alles andere in Frage gestellt wurde, war es dieser Kompass, der mir half, nicht selbst zu zerbrechen.

Ehrlichkeit, Verantwortung, Fürsorge und Durchhaltevermögen – das sind keine großen Worte für mich. Das ist mein gelebter Alltag. Ich bin Vater, allein mit drei schulpflichtigen Kindern. Ich trage Verantwortung – jeden Tag, jede Stunde. Ich sorge mich, ich halte durch. Nicht, weil ich stärker bin als andere. Sondern weil ich keine andere Wahl habe. Und weil ich mich entschieden habe, *nicht* aufzugeben.

Auch wenn vieles im Außen unsicher ist, auch wenn Rückschläge mich immer wieder an meine Grenzen bringen – meine Grundhaltung bleibt: **Optimismus.** Nicht naiv, nicht blind. Sondern die bewusste Entscheidung, *einen Weg zu sehen, auch wenn er noch nicht erkennbar ist*. Das habe ich in der Krise gelernt. Und das lebe ich – für meine Kinder, für mich, für unsere gemeinsame Zukunft.

Selbstbestimmung ist heute wichtiger denn je. Ich möchte kein Rädchen in einem System sein, das mich in Schubladen steckt, mich bewertet, sanktioniert, reduziert auf eine Nummer. Ich bin mehr. Ich habe geführt, ich habe geschaffen, ich habe Menschen begleitet. Und ich weiß, was es heißt, für andere einzustehen. Die Familie ist mein Rückgrat – sie hat mich gehalten, als alles andere fiel. Deshalb will ich für sie da sein. Nicht irgendwann. Jetzt.

Was mich jedoch tief erschüttert hat, ist der **Verlust von Gerechtigkeit.** Ich spüre ihn täglich – in Briefen vom Amt, in der Art, wie ich behandelt werde. Ich bin plötzlich ein Kostenfaktor. Eine Last. Keine Persönlichkeit mehr mit Geschichte und Einsatz, sondern ein Fall in einer Akte, der "in irgendeinen Job" vermittelt werden soll – koste es, was es wolle. Und wehe, ich wage es, nicht jede beliebige Stelle anzunehmen. Dann drohen

Sanktionen. Sanktionen gegen einen Vater mit drei Kindern. Während andere ins Land kommen, nie eingezahlt haben, keine Verpflichtungen haben – und dennoch abgesichert sind. **Wo ist da die Gerechtigkeit?**

Ich habe meine Pflicht getan. Bereits als Schüler geholfen, jahrelang gearbeitet, eingezahlt. Ich habe mich der Gesellschaft nie entzogen – im Gegenteil. Und trotzdem vermittelt man mir heute das Gefühl, nicht mehr gebraucht zu werden. Nicht mehr gewollt zu sein. Es ist demütigend. Und es verletzt.

Während der Pandemie stand ich vor einer Gewissensfrage: Ich wollte mich nicht impfen lassen. Nicht aus Trotz oder Leichtsinn, sondern weil ich es für mich selbst nicht verantworten konnte. Aber ich wurde gezwungen. Ohne Impfung hätte ich mein eigenes Pflegeheim nicht mehr betreten dürfen. Die Entscheidung war keine echte – sie war erzwungen. Und ich musste ein „gutes Beispiel" abgeben. Das war der Moment, in dem ich wusste: Freiheit ist längst nicht mehr selbstverständlich.

Und doch: Ich habe mich nicht verloren. Ich halte an meinen Werten fest – gerade *wegen* all dieser Erfahrungen. Ich will meinen Kindern etwas mitgeben, das keine Regierung, kein Amt und kein System ihnen nehmen kann: **Würde. Haltung. Und die Kraft, für sich selbst einzustehen.**

Wenn sie eines Tages zurückblicken, sollen sie sagen können: *„Unser Vater hat nicht aufgegeben. Er hat nicht gelogen, sich nicht angepasst, nicht verbogen. Er ist seinen Weg gegangen – mit Anstand, mit Mut und mit Liebe."*

Das ist mein Kompass. Und er zeigt immer in Richtung Menschlichkeit.

KAPITEL 13: EIN BLICK IN EINE UNGEWISSE ZUKUNFT

Es ist schwer, Hoffnung zu bewahren, wenn man täglich mit Realität konfrontiert wird, die dieser Hoffnung widerspricht. Und dennoch tue ich es – weil ich nicht anders kann. Weil ich muss. Für meine Kinder. Für mich selbst. Und vielleicht auch für den Glauben daran, dass Veränderung möglich ist.

Politisch fühle ich mich schon lange nicht mehr vertreten. Die Regierung, die dieses Land führen soll, spricht nicht mehr für mich – und ich bin damit längst nicht allein. Parteien, die einst für konservative Mitte, für Stabilität und wirtschaftliche Vernunft standen, sind heute kaum noch von ideologisch linken Strömungen zu unterscheiden. Die Parteien, die für viele Jahrzehnte ein verlässliches Gegengewicht war, hat ihre Identität verloren – oder abgelegt. Die zweitstärkste Kraft im Land ist mittlerweile eine Partei die mehr auf „der rechten" Seite steht. Und auch wenn man über deren Inhalte diskutieren kann und muss: Wenn das Volk eine Richtung wählt, sollte eine Demokratie das nicht ignorieren. Doch genau das geschieht.

Was ist Demokratie, wenn nicht die Umsetzung des Mehrheitswillens? Wählen wir eine Regierung – oder nur ein Bild von ihr? Ist es wirklich Demokratie, wenn der Volkswille systematisch übergangen wird, nur weil er nicht ins gewünschte Narrativ passt?

Diese Fragen beschäftigen mich – und viele andere. Sie sind unbequem. Und doch müssen sie gestellt werden.

Wirtschaftlich hat sich das Land ebenso verändert. Steigende Preise, eine wachsende Unsicherheit auf dem Arbeitsmarkt, ideologisch gesteuerte Entscheidungen, die ganze Branchen lähmen. Deutschland wirkt wie ein Land, das seine Mitte verloren hat. Arbeitsplätze verschwinden. Produktion wandert ab. Unternehmen, die über Jahrzehnte solide gewirtschaftet haben, brechen unter Auflagen, Bürokratie und fehlender politischer Planung zusammen.

Für Menschen wie mich bedeutet das: weniger Chancen, mehr Konkurrenz, noch weniger Perspektive. Wer heute einen Job sucht, wird nicht eingestellt, weil er kann – sondern weil er billig ist. Er muss jung sein, formbar, anspruchslos. Lebenserfahrung zählt nur noch, wenn sie nichts kostet. Und wenn man Kinder hat? Dann ist man nicht flexibel genug. Dann ist man ein Risiko.

Auch gesellschaftlich sehe ich eine Veränderung, die mich erschreckt. Es geht kaum noch um das Gemeinsame. Jeder kämpft für sich, misstraut dem anderen, sieht in ihm einen Konkurrenten oder eine Belastung. Solidarität ist selten geworden. Fairness eine Ausnahme. Ich sehe viel Wut, viel Frust – und leider wenig Bereitschaft, sich füreinander einzusetzen.

Dabei wäre genau das der Weg aus der Krise: Zusammenhalt. Ehrlicher Dialog. Menschlichkeit. Und der Wille, über ideologische Grenzen hinweg das zu schützen, was uns eigentlich verbinden sollte: der Wunsch nach einem guten Leben für uns alle.

Ich wünsche mir, dass ich irgendwann wieder auf die Beine komme. Dass ich wieder Geld verdienen kann – nicht, um reich zu werden, sondern um meinen Kindern etwas zu geben: Erlebnisse, Sicherheit, Unbeschwertheit. Ich möchte mit ihnen verreisen. Möchte den ersten Führerschein unterstützen. Vielleicht später ein Auto, ein Moped, ein Leben mit Chancen, nicht mit Schranken.

Ich weiß, dass Geld nicht alles ist. Aber es ermöglicht Teilhabe. Es nimmt Sorgen. Es öffnet Türen. Und ich möchte meinen Kindern nicht nur zeigen, wie man kämpft – sondern auch, wie man lebt.

Am meisten aber hoffe ich, dass wir gesund bleiben. Dass wir gemeinsam durch diese Zeit kommen. Und dass meine Kinder eines Tages sagen können: *„Es war schwer – aber wir haben es geschafft."*

EPILOG: UND TROTZDEM STEHE ICH JEDEN MORGEN AUF

Vielleicht ist das größte Missverständnis unserer Zeit, dass wir Stärke mit Perfektion verwechseln. Dass wir glauben, nur wer lückenlos funktioniert, wer keine Zweifel hat und stets erfolgreich ist, sei „stark". Doch wahre Stärke zeigt sich anders: im Weitermachen, wenn es keinen Grund mehr gibt. Im Aufstehen, obwohl man gestern gefallen ist. In der Hoffnung, obwohl alles dagegen spricht.

Ich bin gefallen. Und ich falle immer noch manchmal. Es gibt Tage, an denen ich meine Kraft nur aus dem Lächeln meiner Kinder ziehe – aus der Verantwortung, die ich ihnen gegenüber trage. Ich wache jeden Morgen auf, koche Kaffee, decke den Frühstückstisch, wecke meine Kinder. Es ist eine Routine, die mich trägt. Und vielleicht ist genau das mein stiller Widerstand gegen ein System, das Menschen wie mich längst abgeschrieben hat.

Ich habe Verantwortung übernommen – für ein Familienunternehmen, für Mitarbeiter, für ältere Menschen, für meine Kinder. Ich habe funktioniert, geleistet, beigetragen. Ich war Arbeitgeber, Ansprechpartner, Stütze. Ich habe gezahlt, mitgearbeitet, investiert – in Menschen, in Werte, in unsere Gesellschaft.

Und dann kam der Bruch.

Was danach folgte, war nicht nur ein wirtschaftlicher Zusammenbruch. Es war auch ein Bruch mit meinem Vertrauen in die Politik, in Gerechtigkeit, in den sozialen Zusammenhalt dieses Landes. Ich habe erlebt, wie schnell man vom anerkannten Teil der Gesellschaft zum Bittsteller wird. Wie wenig übrig bleibt vom Stolz, wenn man gezwungen wird, sich zu rechtfertigen – nur weil man Hilfe braucht.

Und doch: ich bin noch da.

Ich schreibe diese Zeilen nicht aus Resignation, sondern aus Entschlossenheit. Ich weiß nicht, was kommt – aber ich weiß, dass ich nicht aufgebe. Dass ich noch immer träume. Von einem Job, der mich fordert, der mir erlaubt, präsent zu sein – für meine Kinder, für mich selbst. Von Selbstbestimmung, von Anerkennung, von einem Leben in Würde.

Ich weiß, dass ich nicht allein bin. Dass es viele gibt wie mich – Menschen, die gefallen sind, die kämpfen, die hoffen. Vielleicht ist genau dieses Buch ein Stück gemeinsamer Stimme. Ein stiller Beweis, dass wir nicht verschwunden sind, sondern leise weitermachen.

Denn manchmal liegt die größte Stärke darin, einfach weiterzugehen. Nicht, weil man muss. Sondern, weil man an etwas glaubt, das größer ist als das Hier und Jetzt: an Gerechtigkeit, an Zukunft, an das eigene Recht auf ein gutes Leben.

Und genau deshalb stehe ich morgen wieder auf.

NACHWORT – EIN BLICK ZURÜCK, EIN SCHRITT NACH VORN

Wenn ich auf die vergangenen Jahre zurückblicke, wird mir bewusst, wie sehr sich mein Leben verändert hat – beruflich, wirtschaftlich, gesellschaftlich und ganz persönlich. Dieses Buch war nicht nur der Versuch, meine Geschichte zu erzählen, sondern auch, ein Stück Verarbeitung und ein Zeichen des Aufstehens.

Die Erlebnisse, die ich teilen durfte, waren nicht leicht – und sind es bis heute nicht. Doch sie haben mich stärker gemacht. Ich habe gelernt, dass es Mut erfordert, Schwäche zu zeigen, und Kraft braucht, weiterzumachen, wenn scheinbar nichts mehr geht.

Ich wünsche mir, dass dieses Buch anderen Menschen in ähnlichen Situationen Hoffnung gibt. Hoffnung darauf, dass es auch in den dunkelsten Phasen einen Weg gibt. Dass man nie ganz allein ist – auch wenn es sich manchmal so anfühlt. Und dass Ehrlichkeit, Menschlichkeit und Zusammenhalt mehr denn je gebraucht werden.

Ich danke dir, lieber Leser, dass du mir deine Zeit geschenkt hast. Vielleicht nimmst du etwas mit – vielleicht nur ein Gefühl, vielleicht einen Gedanken, vielleicht den Entschluss, selbst nicht aufzugeben.

Das allein würde mir bedeuten, dass dieses Buch seinen Zweck erfüllt hat.

Alleinerziehend

Elternteil, der ohne festen Partner die Verantwortung für die Erziehung und Versorgung eines oder mehrerer Kinder übernimmt. ***Quelle:*** *Bundesministerium für Familie, Senioren, Frauen und Jugend (BMFSFJ) – www.bmfsfj.de*

Anhörung

Formelles Verfahren, bei dem z. B. das Jobcenter Leistungsbeziehern Gelegenheit zur Stellungnahme gibt, bevor Sanktionen ausgesprochen werden. ***Quelle:*** *Sozialgesetzbuch (SGB) X § 24 – gesetze-im-internet.de*

Arbeitslosengeld I / II (Bürgergeld)

ALG I: Versicherungsleistung nach Beitragszahlung.

ALG II (seit 2023 Bürgergeld): Grundsicherung für Arbeitsuchende. ***Quelle:*** *Bundesagentur für Arbeit – www.arbeitsagentur.de*

Arbeitsvermittlung

Unterstützungsleistung der Arbeitsagenturen/Jobcenter zur beruflichen (Re-)Integration.

Quelle: *Bundesagentur für Arbeit – www.arbeitsagentur.de*

Bürgergeld

Seit Januar 2023 die neue Grundsicherung für Arbeitsuchende nach dem SGB II.

Quelle: *Bundesministerium für Arbeit und Soziales – www.bmas.de*

Corona-Pandemie (COVID-19)

Globale Gesundheitskrise ab 2020, ausgelöst durch SARS-CoV-2. ***Quelle:*** *Robert Koch-Institut – www.rki.de*

Demokratie

Herrschaftsform, bei der die politische Macht vom Volk ausgeht. ***Quelle:*** *Bundeszentrale für politische Bildung – www.bpb.de*

Digitalisierung

Umwandlung analoger Prozesse in digitale Strukturen. Zunehmend wichtig für Arbeitswelt, Bildung und Verwaltung. ***Quelle:*** *BMWK – www.bmwk.de*

Einrichtungsbezogene Impfpflicht

Pflichtimpfung gegen COVID-19 für Beschäftigte in Pflege und Medizin (März 2022 – Dezember 2022).

Quelle: *Bundesministerium für Gesundheit – www.bundesgesundheits-ministerium.de*

Existenzgründung / Selbstständigkeit

Berufliche Unabhängigkeit durch eigene unternehmerische Tätigkeit. ***Quelle:*** *Bundesministerium für Wirtschaft und Klimaschutz – www.existenz-gruender.de*

Finanzamt

Öffentliche Verwaltung zur Festsetzung und Erhebung von Steuern. ***Quelle:*** *Bundeszentralamt für Steuern – www.bzst.de*

Insolvenz

Gerichtliches Verfahren bei Zahlungsunfähigkeit. Ziel ist Entschuldung oder Sanierung.

Quelle: *Bundesministerium der Justiz – www.bmj.de*

Jobcenter

Gemeinsame Einrichtung von Kommunen und Bundesagentur zur Betreuung von Bürgergeldempfängern.

Quelle: *www.jobcenter.digital*

Krankenkasse

Gesetzlich verpflichtende Institution zur Absicherung im Krankheitsfall. ***Quelle:*** *GKV-Spitzenverband – www.gkv-spitzenverband.de*

Mittelstand

Kleine und mittlere Unternehmen (KMU) als zentrale Säule der deutschen Wirtschaft.

Quelle: *Institut für Mittelstandsforschung – www.ifm-bonn.org*

Pflegegrad

Einstufungssystem für den individuellen Pflegebedarf in der Pflegeversicherung.

Quelle: *Pflegeversicherung (SGB XI), z. B. bei www.pflege.de*

Pflegeheim

Stationäre Einrichtung zur Betreuung pflegebedürftiger Personen. ***Quelle:*** *Verbraucherzentrale – www.verbraucherzentrale.de*

Remote-Arbeit / Homeoffice

Arbeitsform außerhalb eines festen Bürostandorts, oft digital unterstützt. ***Quelle:*** *Bundesministerium für Arbeit und Soziales – www.bmas.de*

Sanktionen (Jobcenter)

Leistungskürzungen bei Pflichtverletzungen im Bürgergeldbezug. ***Quelle:*** *SGB II § 31 ff. – gesetze-im-internet.de*

Selbstbestimmung

Die Fähigkeit und das Recht, das eigene Leben selbst zu gestalten. **Quelle:** Deutscher Ethikrat – www.ethikrat.org

---

Soziale Gerechtigkeit

Verständnis von fairer Verteilung von Chancen und Ressourcen.

Quelle: Bundeszentrale für politische Bildung – www.bpb.de

Systemrelevanz

Berufe, die für das Funktionieren der Gesellschaft in Krisenzeiten als unverzichtbar gelten.

Quelle: Bundesagentur für Arbeit / RKI – www.arbeitsagentur.de

---

Überbrückungshilfe / Soforthilfe

Staatliche Programme zur Abfederung wirtschaftlicher Schäden durch die Pandemie.

Quelle: BMWK – www.ueberbrueckungshilfe-unternehmen.de

Verantwortung

Zentrales Element deines Lebens und Buches – gegenüber Familie, Mitarbeitern, Gesellschaft.

Quelle: Allgemein-gesellschaftlicher Begriff – z. B. bei www.duden.de

---

Zweiklassengesellschaft

Gesellschaftsstruktur mit starker sozialer Ungleichheit. Kritisch in deinem Buch thematisiert.

Quelle: Soziologischer Begriff, z. B. bei www.bpb.de

---

1. Zur politischen Lage in Deutschland

- **Bundeszentrale für politische Bildung (bpb):** Umfassende, neutral aufbereitete Informationen über politische Strukturen, Parteien und aktuelle Entwicklungen. www.bpb.de
- **Deutscher Bundestag – Wahlergebnisse & Parlamentsarbeit:**
  Datenbank über Wahlausgänge, Sitzverteilungen und politische Mehrheiten.
  www.bundestag.de

---

2. Zum Arbeitsmarkt & Bürgergeld

- **Bundesagentur für Arbeit:** Arbeitsmarktzahlen, Angebote für Arbeitssuchende, Bewerbungsratgeber.
  www.arbeitsagentur.de
- **Bürgergeld – Informationen des BMAS:** Alles zu Rechten und Pflichten, Regelsätzen, Sanktionen. www.bmas.de/Buergergeld

---

3. Zur Selbstständigkeit und Insolvenz

- **Existenzgründungsportal des BMWK:** Ratgeber für Gründer, Förderprogramme, Krisenbewältigung. www.existenzgruender.de
- **Insolvenzratgeber des Bundesjustizministeriums:** Infos zur Verbraucher- und Regelinsolvenz, Entschuldung und Neuanfang.
  www.bmj.de

---

4. Zur Corona-Pandemie & den Folgen

- **Robert Koch-Institut (RKI):** Fakten zur Pandemie, Impfungen, Sterblichkeit, Verlauf. www.rki.de
- **Tagesschau.de – Chronik der Pandemie in Deutschland:** Übersicht über die Maßnahmen, Entwicklungen, politische Reaktionen.
  www.tagesschau.de

---

5. Soziale Ungleichheit & Gerechtigkeit

- **Sozialbericht Deutschland (BMAS):** Jährliche Lageberichte über Armut, soziale Sicherung, Chancen. www.bmas.de/DE/Service/Publikationen/Soziales/sozialbericht.html
- **Institut der deutschen Wirtschaft (IW Köln):** Studien über den Mittelstand, Einkommensverteilung, Steuerpolitik. www.iwkoeln.de

---

6. Alleinerziehend & Familie im Sozialsystem

- **Verband alleinerziehender Mütter und Väter (VAMV):** Interessenvertretung, Beratung, Netzwerke für Einelternfamilien. www.vamv.de
- **Elterngeld, Kindergeld, Unterhaltsvorschuss – Infos vom BMFSFJ:**
  www.bmfsfj.de

---

7. Mental Health & Resilienz in Krisenzeiten

- **Deutsche Depressionshilfe:** Ratgeber für Menschen in schwierigen Lebensphasen. www.deutsche-depressionshilfe.de
- **Familienleben.de – Krisen meistern im Alltag:** Tipps zu Struktur, Umgang mit Arbeitslosigkeit, Kraftquellen. www.familienleben.ch

---

CHRONOLOGIE DER EREIGNISSE

Jahr/ Zeitraum	**Ereignis**
Vor 2015	Aufbau des Pflegeheims durch die Eltern
2015	Übernahme des Heims durch den Autor
2018–2019	Erste Mitarbeiterfluktuation / Aufbaupläne
Frühjahr 2020	Beginn der Corona-Pandemie / Erste politische Maßnahmen
März 2020	Besuchsverbote, Lockdowns, erste Krisen-gespräche
2021	Impfpflicht-Debatte / Maßnahmen verschärfen sich
2022	Versuche der Rettung: Investorensuche, Verhand lungen mit Banken
Frühjahr 2023	Absprung des Käufers / Anmeldung der Insolvenz
ab Mitte 2023	Übergang in Bürgergeld / Jobsuche / Weiterbildung
2024–2025	Kontinuierliche Bewerbungen / Entwicklung neuer Perspektiven